Sabine Picout

Barbara Frischmuth "Die Klosterschule": Werk, Inhalt / Zusammenfassung und Biographie

GRIN Verlag

Bibliografische Information der Deutschen Nationalbibliothek:

Die Deutsche Bibliothek verzeichnet diese Publikation in der Deutschen National-
bibliografie; detaillierte bibliografische Daten sind im Internet über http://dnb.d-
nb.de/ abrufbar.

Dieses Werk sowie alle darin enthaltenen einzelnen Beiträge und Abbildungen
sind urheberrechtlich geschützt. Jede Verwertung, die nicht ausdrücklich vom
Urheberrechtsschutz zugelassen ist, bedarf der vorherigen Zustimmung des Verla-
ges. Das gilt insbesondere für Vervielfältigungen, Bearbeitungen, Übersetzungen,
Mikroverfilmungen, Auswertungen durch Datenbanken und für die Einspeicherung
und Verarbeitung in elektronische Systeme. Alle Rechte, auch die des auszugsweisen
Nachdrucks, der fotomechanischen Wiedergabe (einschließlich Mikrokopie) sowie
der Auswertung durch Datenbanken oder ähnliche Einrichtungen, vorbehalten.

Impressum:

Copyright © 2001 GRIN Verlag GmbH
Druck und Bindung: Books on Demand GmbH, Norderstedt Germany
ISBN: 978-3-656-14367-3

Dieses Buch bei GRIN:

http://www.grin.com/de/e-book/189953/barbara-frischmuth-die-klosterschule-werk-
inhalt-zusammenfassung

GRIN - Your knowledge has value

Der GRIN Verlag publiziert seit 1998 wissenschaftliche Arbeiten von Studenten, Hochschullehrern und anderen Akademikern als eBook und gedrucktes Buch. Die Verlagswebsite www.grin.com ist die ideale Plattform zur Veröffentlichung von Hausarbeiten, Abschlussarbeiten, wissenschaftlichen Aufsätzen, Dissertationen und Fachbüchern.

Besuchen Sie uns im Internet:

http://www.grin.com/

http://www.facebook.com/grincom

http://www.twitter.com/grin_com

Barbara Frischmuth

„Die Klosterschule"

- allgemein Kloster und Erziehung
- Das Werk „Die Klosterschule"
  Inhalt und Biographie

Schule und Erziehung:
Die Klosterschule von Barbara Frischmuth:
1) Welche Tradition hat die klösterliche Erziehung?
a) Wie entstand die klösterliche Erziehung?
- in der alten Kirche bedeutet die Erziehung der Kinder zuerst die Vermittlung der Heilsgeschichte und zweitens die Weitergabe vom Kulturgut

b) Welches Problem enthielt anfangs die klösterliche Erziehung?
- bei den Mönchen im Mittelalter gab es einen Gegensatz: Bildung und Glaube waren unvereinbar für die asketische Grundidee der Mönche; erst durch Augustinus verschwand dieser Gegensatz, weil er ihn als Unterordnung der weltlichen Bildung unter den Glauben interpretierte und so wurden die Mönche Träger mittelalterlichen Kultur, somit war für die Mönche die Erziehung ein Dienst an der Kirche;
- die Erziehung für die Mönche: es gab Novizen und auch weltliche Schüler, die im Kloster lebten und erzogen wurden; die Novitiatserziehung, die sich am asketischen Ideal der Mönche orientierte und das mönchische Leben nachahmte (nach den Ordensregeln leben, Zucht und Strenge erleben), galt auch für die weltlichen Schüler und sprang über die Klostermauer ins weltliche Leben;
- das mönchische Ideal, das die Erziehung bestimmt, besteht im Streben nach Vollkommenheit; das Ziel des mönchischen Lebens ist: mittels der Askese das Heil zu erlangen; das Vollkommenheitsstreben der Mönche entsteht aus der Liebe des Menschen zu Gott und bedeutet einen ständigen Kampf gegen die Sünde und gegen die Natur des Menschen; das vollkommene Leben bestand in Armut, Keuschheit und Gehorsam

c) Wie war die klösterliche Erziehung im Mittelalter?
- man führte den Menschen /Mönch hin zur christlichen Vollkommenheit

d) Wie war die klösterliche Erziehung bei den Jesuiten zur Zeit der Gegenreformation?
- laut dem Jesuitenorden waren Bildung und Erziehung Kernbereich seines Wirkens; es entstanden weibliche Orden /Gemeinschaften, die speziell für die Bildung der Mädchen zuständig waren;

e) Wie wirken die Ordensgemeinschaften im Hinblick auf die Erziehung?
- positiv : gründete Klöster; karitativ; Befassung mit sozialen Fällen

f) Ist das klösterliche Ideal der Erziehung pädagogisch vertretbar?
- man unterscheidet zwischen pädagogischen Interessen und christlichen Geboten: am Anfang wurden die pädagogischen Interessen völlig den Forderungen des klösterlichen Lebens untergeordnet; hier die Begründung: das gemeinsame Ziel der Menschen im Kloster war das religiöse Heil, das

nur durch die religiös- sittlichen Leistungen der Menschen erreichbar war; das Klosterleben hatte als Rolle, die Hilfe, diese Leistungen zu erbringen, die hauptsächlich im Üben der christlichen Tugenden (Demut, Gehorsam, Gerechtigkeit, Wahrhaftigkeit etc.) bestanden; diese Tugenden wurden von den Erziehern vorgelebt und sollten von den Zöglingen nachgeahmt werden;
- die christlichen Gebote: sie wurden zu pädagogischen Mittel herabgesetzt; im Kloster geht es bei der Religion und den Sakramenten um das reine Ausüben der religiösen Pflichten, an denen die Leistung gemessen wird;

g) Was ändert sich durch das zweite Vatikanum durch Johannes XXIII?
- Die Erziehungsaufgabe hat eine Funktion: die klösterliche Erziehung soll dem Kind beim Menschwerden behilflich sein; der Mensch wird frei von einem Vollkommenheitsideal;
- die Erziehung muss ihre Maßstäbe von den Belangen des Kindes hergewinnen; → eine Absage an das überlieferte Bildungsideal und an das ehemalige klösterliche Leitbild;

2) Welche Aufgaben und Ziele haben die Klosterschulen in Österreich?
a) Was ist eine katholische Klosterschule?
- es ist eine Schule, die von Diözesen oder Ordensgemeinschaften getragen wird. Sie bekennt sich zu den Zielsetzungen der österreichischen Schulen. Sie haben das Recht, den Geist der von ihnen erhaltenen Schule zu bestimmen.

b) Welche ist die Zahl der österreichischen Privatschulen?
- ~380 mit ca. 5% aller österreichischen Schüler und noch dazu über 100 Schülerheime und Internate

c) Was passierte am 19.Juli 1938 in Österreich?
- aufgrund der politischen Situation wurde allen katholischen Schulen Österreichs das Öffentlichkeitsrecht entzogen; die Gebäude wurden vom Staat beschlagnahmt und den Ordensangehörigen im Lehrberuf wurde jede Lehrtätigkeit untersagt;

d) Wer anerkannte die katholischen Schulen in Österreich?
- Papst Johannes der XXIII im Jahre 1962

e) Worauf beziehen sich die katholischen Schulen?
- auf die christliche Weltanschauung, deren Mittelpunkt Jesus Christus ist und dem jungen Menschen ein Vorbild für sein Leben bildet.

f) Welche Ziele hat die Klosterschule?

- sie ist religiös motiviert und bezieht sich auf die Nachfolge Christi im Leben; Sie soll den ganzen Menschen ausbilden (im Sinne Christi); sie soll eine Übereinstimmung zwischen Kultur und Glauben anstreben und sie soll zu einer persönlichen Synthese zwischen Glauben und Leben hinführen.

g) Wie sind die Lehrer in den Klosterschulen?
- sie müssen besonders ausgebildet sein (mit weltlichem und religiösem Wissen); sie sollen in Liebe untereinander leben, solle mit den Schülern eng verbunden sein und sollen mit apostolischem Geist beseelt sein und sie sollen vor Christus verantwortlich sein;

h) Zusammenfassend: Was ist klösterliche Erziehung?
- es ist ein System, in dem Kinder und Jugendliche zum „wahren" Christentum erzogen werden sollen; die gesamte menschliche Bildung ist auf die Heilsbotschaft ausgerichtet, sodass die Schüler durch ein apostolisches Leben in der Welt Zeugnis vom Christentum ablegen können sollen. Glaube und Religion stehen immer im Vordergrund und durchdringen alle Bereiche der Erziehung.

3) Was ist ein Internat?
a) Definition:
- eine familienergänzende Einrichtung, in welcher Kinder und Jugendliche während der Zeit ihres Schulbesuches oder ihrer Berufsausbildung Unterkunft und Verpflegung erhalten und betreut werden

b) Aufgaben:
- den Zögling im Lern- oder Studienfortgang überwachen, motivieren, fördern
- dem Zögling Anregungen und Hilfen zu sinnvoller Freizeitgestaltung geben

c) Formen:
- öffentliche Internate, von Körperschaften des öffentlichen Rechts (Land, Bezirk, Gemeinde)
- Private Internate, von privaten Körperschaften (Vereine, kirchliche Gemeinschaften) getragen

d) pädagogische Zielsetzungen:
- sie sind vom Träger des Heimes abhängig
- z.B. vom privaten Träger:
  * bestimmte Schwerpunkte in der Erziehung bestimmen, auch Erziehungsmethode bestimmen
  * über die Einhaltung dieser Methode wachen
  • bestimmte weltanschauliche oder politische Richtung vertreten

e) Werte der Internatserziehung in katholischen Internaten:
- sie wurden festgelegt
- die Zöglinge sollen: soziale Haltungen lernen und üben
- -------„--------------: zu Rücksichtnahme, Verantwortung, Selbstständigkeit und guter Arbeitshaltung hingeführt werden
- -----------„---------- : sich in die Ordnung einfügen lernen
- -----------„-----------: verzichten können (Opfer bringen)
- ------------„-----------: engagiert und kompromissbereit sein

f) Ziele:
- Personwerdung in der Gemeinschaft und Selbstfindung
- Erziehung zur Freiheit
- Miterziehung durch gleichaltrige und ältere Schüler
- Verkündigung von Glaubensgut und Glaubenserfahrung in der Gemeinschaft vom religiösen Standpunkt aus

g) Die Erzieher: Zielvorstellung von der Erzieherpersönlichkeit
- soll reif sein; soll eine echte Persönlichkeit, damit ein Vorbild sein
- soll zur Teamarbeit fähig sein
- soll einen gesunden Menschenverstand haben
- soll gegenüber den Zöglingen sich verständnisvoll, gesprächsbereit, zuhörend, taktvoll, diskret zeigen
- er muss begeistern können und großzügig sein
- er soll über den Zöglingen stehen und zur Selbstkritik fähig sein, denn die Fehler des Erziehers werden akzeptiert, wenn sie von ihm zugegeben werden
- er soll den Zöglingen einen Freiraum zugestehen und diesen respektieren
- er soll beim Lernen helfen können

h) Probleme mit negativen Folgen:
- durch eine strenge, hierarchische Struktur können Zöglinge kaum das Mitspracherecht oder das Mitentscheidungsrecht nutzen
- durch eine zu große Anzahl von Zöglingen in einer Gruppe oder durch zuwenig Erziehungspersonal oder wenn der Erzieher mangelhaft ausgebildet ist, gibt es Probleme
- durch eine straffe Organisation, rigide, starre Ordnungsprinzipien, eine hierarchische Gliederung, um einen reibungslosen Ablauf des Heimbetriebes anzustreben, → Probleme
- eine Isolierung des Internats von der Umwelt und durch die beschränkten Kontakte zur Außenwelt
- durch die Unmöglichkeit für den Zögling, sich eine privaten Bereich zu verschaffen, sich in einen Privatbereich zurückzuziehen

- das Leben im Internat reduziert sich auf ein bloßes Funktionieren ohne Achtung auf Pädagogik und Menschlichkeit, daher müssen die Zöglinge sich passiv an die internen Normen, Regeln, Vorschriften anpassen, daher wird die Vorbereitung auf das reale Leben in der Gesellschaft völlig außer Acht gelassen

i) Zusammenfassend: Aufgaben und Funktionieren des Internats:
- auf Personen ausgerichtet
- auf die gesellschaftlichen Interessen abzielend
- den Sozialisationsprozess, das Hineinleben in die Gesellschaft beeinflussend

4) Barbara Frischmuth und ihre Klostererziehung:
A) Barbara Frischmuths Biographie:
- siehe Zettel

B) Barbara Frischmuths Klostererziehung:
a) In welcher Zeit spielt die Situation der Klosterschule bei BF?
- in der vorkonziliaren Zeit (Datum ??)

b) Um welche Klosterschule geht es?
- um das Mädchenpensionat der Kreuzschwestern in Gmunden (Wo?)

c) Wie lang blieb BF in der KS?
- vom 10 – 14 Lebensjahr

d) Wann kam ihr Werk die KS als Buch heraus?
- 1968 (ihr erstes Buch; Erstlingswerk)

e) Wie war das Leben BFs vor dem Eintritt ins Klosterinternat?
- sie lebte eine unbeschwerte Kindheit; sie besaß starke Charakterzüge (durch Spiele mit Buben errungen)

f) Welche Eindrücke machte die KS in Gmunden auf BF?
- Schock: zum ersten Mal lebte sie mit lauter Mädchen und Frauen zusammen
- Angst: vor einigen Frauen und Mädchen
- Druck: sie musste sich unter dem Nachthemd an und ausziehen (Schamgefühl)
- Pflicht: jeden Abend ihr Gewissen erforschen
- Gehorsam und Schweigen: sie musste den Mund halten , wenn sie nicht gefragt war

g) Welche Haltung hatte BF in der KS?
- sie hat sich einschüchtern lassen

- sie hat sich aber nicht ganz beeinflussen lassen
- sie ist dem Druck von oben durch Wissbegier und Lernfreude ausgewichen
- sie ist dem Druck der Mitschülerinnen erstens durch die Erzählung von Gehschichten und zweitens durch die Flucht ins Krankenzimmer (um dort in Ruhe zu lesen) ausgewichen

h) Konsequenzen der Klosterschule bei BF:
- sie wurde bloß zerquetscht (verletzt), nicht zerrieben (fertig gemacht)
- mit 14 Jahren hatte sie genug von der Klosterschule
- da in einem Nachbarort von Altaussee ein Gymnasium zusammengestellt wurde und BF sich bei ihrer Mutter durchsetzen konnte, musste sie nicht mehr in Gmunden in die Schule zurückkommen
- starke Prägung vor allem in der Pubertät: sie hatte das Gefühl nicht attraktiv genug zu sein; es verschaffte ihr Probleme, als sie eine gemischte Schule besuchte

5) Inhaltsangabe: BF: Die Klosterschule:
A) Werk und Autorin:
a) In welchem Jahr kam das Werk heraus?
- 1968; Erstlingswerk

b) Wie bezeichnet BF ihr Werk?
- kein Roman, es ist Prosa, die sich mit der sprachlichen Situation in einem von katholischen Nonnen geleiteten Internat und mit einer bestimmten Art von ideologischen Erziehung auseinandersetzt

c) Aufbau?
- 14 Prosastücke; Prosaskizzen, die verschiedene Aspekte der Klostererziehung behandeln. Bsp.?
- keine bestimmte Anordnung, keine chronologische Reihenfolge, keine durchgehende Handlung

d) Wer spricht?
- eine Ich- Erzählerin

e) Worüber?
- über den klösterlichen Schul- und Internatsalltag

f) Wie?
- unpersönlich, weil das Mädchen eine Sprache spricht, die aus anderen Bereichen als aus ihrem Mund stammt

g) Aus welchen Bereichen stammt die Sprache?

- aus der Bibel, dem Katechismus, der Liturgie, aus dem Mund von Lehrerinnen und Klosterschwestern Bsp. ?
- aus der eigenen Sprache der Ich- Erzählerin Bsp.?

h) Wie sieht die Sprache aus?
- als eine Art Montage, Vermischung aus Sätzen aus den anderen Bereichen und aus Sätzen aus der Sprache der Ich- Erzählerin Bsp.?
- als eine Art von Sprache des Indoktrinierens, gespickt mit Ironie

i) Woraus ist die Methode entstanden?
- aus einem Wunsch der Schriftstellerin ein sprachkritisches und sprachtheoretisches Werk zu machen (wie viele ihrer Schriftstellerkollegen des Forum Stadtpark)

j) Was will BF in der KS tun?
- nicht unbedingt die Klosterschule bloßstellen, keine Rebellion gegen die Gebote Gottes aufstellen, sondern eher Zwänge, geschlossene Systeme, die man Kindern in früheren Jahren ins Hirn setzt und aus denen aie kaum ausbrechen können, darstellen und bloßstellen.
- sie kritisiert die Regeln und die Gebote der KS und die Erzieher
- dieses System, diesen Mechanismus der KS will BF untersuchen, weil sie sie am besten kennt

B) Die KS als Werk:
a) die Erziehungsziele:
- die Mädchen sollen zur Bravheit erzogen werden, sie sollen Gebote befolgen, Verbote beachten und die vorgeschriebenen Frömmigkeitsübungen erfüllen.
- die Regeln und das Verhalten der Nonnen sind auf die Religion zurückzuführen.
- die vermittelte Ideologie ist bestimmt durch eine strenge, hierarchische Ordnung an deren Spitze ein allmächtiger Gott steht

b) Erziehungsmittel:
- Gott nach dem Motto: Gott sieht und hört alles. Er ist allmächtig (omnipotent) : de Beziehung des Menschen zu Gott ist daher von Angst und Gehorsam geprägt. Die Zöglinge müssen auch den Erziehern gehorchen, denn letztere sind Stellvertreter Gottes auf Erden.
- eine strenge Ordnung, die sich auf alle Bereiche erstreckt, muss von den Mädchen eingehalten werden, daher Einschränkung der Handlungsfreiheit
- eine Ordnung für den religiösen Bereich: Gebete für jede Situation (Bsp. ?), wobei den Zöglingen der Sinn der Gebete schon verlorengegangen ist.
- die Befolgung der Gebote zieht eine Belohnung nach sich

- eine strenge Ordnung auf dem Bereich der Sexualität. Die Haltung der Kirche dem Leib gegenüber (alles was Leib ist, ist nicht gut) gilt hier. Jungfräulichkeit das höchste Gut, soll bewahrt werden. Sexualität wird verschleiert, tabuisiert (Bsp.) Die Dinge werden nicht beim Namen genannt
- eine starre Meinung, der Kirche eigen, was die Einschätzung der Frau bestimmt. Frauen stehen im patriarchalisch bestimmten Katholizismus auf der untersten Stufe der Hierarchie. Daher sollen die Mädchen zu Unterordnung und Unterwürfigkeit erzogen werden; die Vermittlung der traditionellen Frauenrolle wird als wichtig erachtet. (Bsp.?)

c) Die Außenwelt:
- sie bedeutet Freiheit und das tun können, was man will Bsp.

d) Die Zweifel an diesem Erziehungssystem:
- sie kommen im Brief der Ich- Erzählerin an eine ehemalige Mitschülerin am Ende des Werkes vor; an der Religion wird aber nicht gezweifelt, weil welche Moral dann gelten sollte, wenn man die Religion ablehnt?

e) Das spätere Leben der Zöglinge:
- nach dem Abgang vom Klosterinternat spüren die Zöglinge die Unfreiheit immer noch. Die Normen und Regeln werden verinnerlicht und bestimmen das weitere Verhalten der Zöglinge

f) Zusammenfassend: Stellung des Zöglings im Buch KS
- das Mädchen hat keine Möglichkeit sich gegen das System zu wehren. Es muss Ordnung übernehmen und verinnerlichen. Daher werden Konflikte ins kindliche Ich verlagert, dass sich als machtlos und unsicher erweist gegenüber dem Über- Ich, den verinnerlichten Normen.

g) Die KS als autobiographisches Schreiben:
- BF greift auf autobiographische Erlebnisse zurück; Auseinandersetzung mit den sozialen, erzieherischen und den gesellschaftlichen Verhältnissen, in denen das Kind aufgewachsen ist. Diese Auseinandersetzung führt oft zur Bewältigung und Bewusstmachung der eigenen Erlebnisse.

6) Aspekte der klösterlichen Erziehung:
In der KS von BF wird die Situation der vorkonziliaren Zeit dargestellt, in der sich die Erziehung ganz am klösterlichen Lebensideal orientiert hat.

A) Die Schule:
a) Warum werden Kinder von ihren Eltern in Klosterschulen geschickt?
- weil es im Heimatort keine Möglichkeit einer höheren Schulbildung gibt

b) erfährt man de Grund, warum das Mädchen der KS von BF in die KS
   geschickt wurde?
- nein.

c) Was hält Frischmuths Ich- Erzählerin von der Schule?
- sie nimmt sie nicht sehr ernst. Der Unterricht bei der beliebten Schwester
  Ami ist angenehm (vgl. Schulbeispiel). Durch 2x niesen befreit sich die Ich-
  Erzählerin von der Mitarbeit. Die Ich- Erzählerin hat Zeit in der religiösen
  Kinderzeitschrift Jesusknabe zu lesen und ihren eigenen Gedanken
  nachzugehen.

d) Welche Erfahrungen macht die Ich- Erzählerin in der KS?
- schulische Leistung und Wissen sind für sie nicht so wichtig (vgl. BF selbst)

e) Was erfährt man über die Methoden für den Unterricht und die Erziehung im
   Werk?
- ist die Methode autoritär?, repressiv?, worauf zielen Unterricht und
  Erziehung ab?, auf Vermittlung von Wissen und auf die Wiedergabe dieses
  Wissens?

f) Was erfährt man über den Leistungsdruck?
- er wird durch die Religion legitimiert

g) Was heißt Schule in der KS?
- steht Schule im Dienst der Religion?, steht sie als Schritt auf dem Weg zum
  Heil?

B) Das Internat:
(die KS als Gebäude vgl. Erklärungen)
a) Was für eine Funktion hat das Internat?
- vgl. früher

b) Wie ist das klösterliche Erziehungsideal?
- Erziehung zur Vollkommenheit, um das ewige Leben erlangen zu können
- Erzieher: Ordnesleute, Nonnen oder Priester stellen an die Zöglinge
  dieselben Anforderungen, wie sie an sie selbst im Kloster oder im
  Priesterberuf gestellt werden

c) Wie ist die Hausordnung und wie sind die Regeln des Klosterinternats?
- Regel und festgesetzte Ordnungen sind für die Organisation des
  Lebensablaufs und des Tagesablaufs wichtig; Zöglinge werden nur zum
  Funktionieren nach diesen Regeln erzogen; persönliche Wünsche werden

nicht berücksichtigt; ein Auflehnen der Zöglinge gegen die Ordnung ist sinnlos; daher scheint diese Ordnung von den Zöglingen nicht sinnvoll zu sein und wird daher nicht verstanden.

d) Hausordnung und Regeln in BF KS?
- eine festgelegte Tagesordnung Bsp. Aufwecken, Beten
- Schweigen; Folgen auf das Brechen des Schweigens sind enorm Bsp.? (das Sprechen im dunklen Schlafsaal bedeutet am Wochenende nicht nach Hause fahren);
- Regeln im Internat:

- Zweck: die Regeln im Internat gleichen den Regeln der Ordensleute: gehorsam, Demut und Frömmigkeit sollen geübt werden Bsp.? Bei BF Stelle mit der Wiederholung und Aneinaderreihung von Modalverben; von Gott gewollt dargestellt, somit Gebote und Regeln sind unumstößlich und nicht hinterfragbar
- Entgehen der Hausordnung und den Regeln: Bsp. Ich Erzählerin gemeinsam mit der Freundin Milla entgeht der bei Spaziergängen angeordneten Konversation, indem sie mit dem Mund Wörter formen; Schneebälle werden geworfen und Eiszapfen werden gelutscht, wenn die Schwester nicht hersieht;

- Abgeschlossenheit von der Außenwelt: als Grund wird angegeben: von Außen könnte auf die Zöglinge ein schlechter Einfluss ausgeübt werden und das Erziehungsziel (die Hinführung zum Heil) könnte somit gefährdet werden. Daher ist die von den Zöglingen erlebte Ordnung eine andere als die der Außenwelt. Bsp. durch das Auftreten der Zöglinge in Gruppen bei Spaziergängen
- Briefgeheimnis: in KS?
- Überwachung und Zensur der Lektüre: In KS?
- das wahre Leben außerhalb des Internats: in KS Überlegungen der Mädchen und phantasievolle Darstellungen der Außenwelt

e) Konsequenzen:
- diese religiösen Regeln sind für junge Leute eindeutig zu streng
- diese Art von Erziehung vernachlässigt die persönliche Entwicklung der Zöglinge. Die Individualität der Zöglinge ist nicht erwünscht. Sie wird als mangelnde Demut ausgelegt und somit gegen die Ordnung des Klosters.

C) Die Erzieher:

a) Definition:
- Ordensleute, die sich an bestimmte Ordensregeln zu halten haben (Gelübde von Armut, Keuschheit und Gehorsam)

b) Ziel der Erzieher:
- die Vollkommenheit erreichen, sich das ewige Heil sichern. Man erlangt es, wenn man auf Erden ein gottgefälliges weltabgewandtes Leben führt

c) Aufgabe der Erzieher:
- das eigene Heil und das Heil der Zöglinge sichern und die Zöglinge auf den einzig richtigen Weg führen

d) Repräsentation/ Stellenwert:
- Erzieher ist Vorbild für Zögling; er soll die Regeln strickt befolgen, damit diese Vorbildwirkung den Zöglingen hilft, die Regeln zu verinnerlichen und denselben Weg wie der Erzieher zu gehen.

e) Versäumnis:
- die Erzieher hinterfragen die Ordnung nicht, sondern nehmen eine alte Tradition an und erziehen nach ihr, ohne Rücksicht auf neue Erkenntnisse in der Pädagogik und /oder in der Psychologie

f) Rolle der Erzieher in BF KS?
- Überwachung und Kontrolle, nicht nur auf Ordnung in Schränken und im Schlafsaal sich beziehend, sondern auf das Verhalten der Zöglinge d.h. die Erzieher scheinen alles zu sehen und zu hören (wie Gott) → Stellvertreter von Gott auf Erden
- Verfälschte Interpretation der Regelverstöße: die Zöglinge können sich kaum verteidigen, die Erzieher glauben den Zöglingen nicht
- Gehorsam dem Obersten gegenüber, innerhalb der Ordensgemeinschaft in einer Hierarchie stehend. (vgl. Zöglinge stehen in der Hierarchie der Hausgemeinschaft an unterster Stelle und sind allen Erziehern gegenüber zu Gehorsam verpflichtet. Solche Hierarchie anerkennen heißt gleichzeitig die Religion anerkennen, durch die die Ordnung legitimiert ist)

g) Namen, Eigenschaften, Rollen der Erzieher in BF Ks?
- siehe vorher

D) Die Erziehung:
drei Aspekte der klösterlichen Erziehung:
a) die Erziehung in der Gemeinschaft und zur Gemeinschaft
- was ist Gemeinschaft? kein Gesellschaftssystem mit zwischenmenschlichen Beziehungen, sondern ein System mit einem bestimmten Zweck, nämlich der

gemeinsamen Suche nach Gott, also eine Organisation zur besseren Erreichung eines Zieles
- Wie drückt sie sich aus? als Gleichförmigkeit/ Uniformität Bsp. Uniforme Kleidung, uniforme Verhaltensweisen und uniforme Denkweisen
- Wie sieht die Gemeinschaftserziehung aus? wie die Gemeinschaft; es wird gemeinsam gebetet, gegessen, gelernt, gespielt; wirkliche menschliche Bindungen zwischen Zöglingen sind nicht erwünscht; der Zögling befindet sich ständig in einer Gruppe: man muss einander beachten, man muss auf den nächsten auf die Gemeinschaft Rücksicht nehmen, daher wird die Absonderung von der Gemeinschaft nicht erwünscht.
- Was gewährt die Gemeinschaft den Zöglingen? Schutz, daher soll sie nie verlassen werden, auch im späteren Leben nicht; Rat, sich in die Gemeinschaft der Kirche einzugliedern
- Wie ist die Notwendung der Gemeinschaft motiviert? durch die Religion, denn die bösen Elemente der Welt können dem Menschen nicht schaden, wenn er sich in der Gemeinschaft Gleichgesinnter befindet, die auch das Heil anstreben
- Wie wird die Gemeinschaftserziehung praktiziert? die Mädchen sollen einander helfen und miteinander teilen (Bsp. Pakete von Eltern)
- Wo liegt die unchristliche Seite der Gemeinschaft? wenn Strafen zu erwarten sind, ein Gegensatz in der Heilgeschichte steht: einer für alle, in der Klosterschule heißt es: alle für einen
- Was tut die Gemeinschaft gegen ungute Elemente? sie werden aussortiert und möglicherweise aus der Gemeinschaft entlassen. Erst so kann eine Gemeinschaft gut funktionieren, wenn alle Mitglieder dasselbe wollen und zusammenhalten (ungute Elemente = jene, die andere stören, die sich widersetzen, die nicht entsprechen)
- Wie ist die Gemeinschaft strukturiert? Hierarchien unter den Zöglingen, die akzeptiert werden müssen; Hierarchien bestehen aufgrund der verschiedenen Altersstufen, je älter desto höher in dieser Hierarchie
- Probleme der Gemeinschaften:
  - Freundschaften: in Klosterschule?
  - Außenseiter in der KS?
- Zusammenfassung: Was ist Gemeinschaftserziehung? es ist ein Alles-Gemeinsam- Machen; alles Menschliche wird unterdrückt, deshalb verlangt es die genaue Beobachtung der Erzieher → die gemeinsame Erziehung entspricht der Ordensregel

b) die Einstellung zum Körper und die Sexualerziehung: im Einfluss der traditionell leibfeindlichen Haltung der Kirche
- Wodurch ist die Einstellung zum Körper bestimmt?
  - durch die traditionelle leibfeindliche Einstellung der Kirche

- vor allem im Kloster: durch das
  Keuschheitsgelübde der Ordensleute
- Woraus ist das Keuschheitsgelübde entstanden? die Ehelosigkeit um des
  Reiches Gottes Willen ist Ausgangspunkt für ein vollkommenes Leben.
  Durch Ehelosigkeit muss sich der Mensch um keine weltlichen Dinge mehr
  kümmern. Die Ehelosigkeit ist ein Zeichen der Bindung des Menschen an
  Gott.
- Welche Entwicklung kännte der Begriff Jungfräulichkeit?
  - zur Leibverachtung: aufgrund des Gegensatzes
    von Geist und Fleisch ist der Leib als Hindernis
    für den Geist auf dem Weg zum Göttlichen
    verachtet worden
  - zur seelischen Bindung: Ordensleute sollen
    sich nicht mit dem Herzen an Dritte /
    Mitmenschen binden, somit eigentlich Verbot
    der Freundschaft

- Wie wirkt sich das Gelübde der Keuschheit in der Erziehung der KS aus?
  - positive Einstellung zum Körper: sofern er
    nicht als Sexualobjekt gesehen wird Bsp.
    körperliche Ertüchtigung in Form von Sport
    oder täglichem Spazierengehen als
    Freizeitgestaltung mit einheitlicher Kleidung
    als Zeichen der Zugehörigkeit oder
    Gemeinschaft; der Leib wurde von Gott
    gegeben und ist daher gut; der Körper soll aber
    nicht verwöhnt werden, daher nur kaltes
    Waschwasser, dass zur Abhärtung dient; die
    Grundbedürfnisse des Körpers sollen erfüllt
    werden, denn erlaubt ist nur, was dazu dient,
    den Körper rein und gesund zu erhalten, daher
    fast keine Spiegel, denn sie dienen nur dazu,
    die Eitelkeit zu fördern und kosten auch Zeit
  - negative Einstellung zum Körper: der Körper
    verleitet zu Sünden ist also Böse Bsp. beim
    Baden und Duschen nicht ganz nackt (vgl. BF
    selbst); Homosexuell ausgerichtete
    Freundschaften sind schlimmer als Onanie und
    müssen unterbunden werden (solche
    Neigungen entstehen vor allem zwischen
    älteren und jüngeren Zöglingen und finden an
    Orten statt, die verboten sind) Bsp. Ich –
    Erzählerin und Milla im gleichen Bett wegen
    der SA führt zum Gelübde der Ich- Erzählerin

(Frühmesse); die Erzieher sind hinter diesen verbotenen Beziehungen her und wo sie im Entstehen sind, greifen sie ein (Ausschluss aus der Schule); die Zöglinge versuchen ihren Trieben auf andere Weise nachzugeben Bsp. zwischen Ich- Erzählerin und 2 Freundinnen das Spiel „A und K" ; die Zöglinge versuchen selbst aufgrund der mangelnden Sexualerziehung mehr über Sexualität zu erfahren Bsp. durch Selbsthilfe verschafft sich die Ich- Erz. mehr Information über das, was von den Nonnen verschwiegen wird: durch Aufklärungshefte, verbotene Hefte und Bibel

- Wie wirkt sich bei den Mädchen mit einsetzender Geschlechtsreife die mangelnde Aufklärung aus? nach der Lektüre des AT glauben Ich – Erz. und Freundin, dass sie unrein seien (wie es im jüdischen Recht gilt), obwohl sie sich täglichen an den kritischen Stellen waschen. Erst nachdem die Mutter sagt, es sei natürlich, dass sie unrein seien, kommen sie zum Schluss, dass sie nicht unrein sind.
- Wie ist die Einstellung zur Sexualität? unnatürlich; als Sünde, es sei denn, sie dient der Fortpflanzung in der Ehe.

- Wie ist zusammenfassend die Erziehung in der Sexualität? erstens durch die Ordensregeln geprägt und zweitens gekennzeichnet durch das Anstreben einer Abtötung alles Fleischlichen (weil das Ziel das Heil ist)

c) Vermittlung von Anstandsregeln: vor allem in der Mädchenerziehung, denn in der Klostererziehung sollen gute Ehefrauen, Hausfrauen und Mütter erzogen werden
- Welchen Platz hat die Anstandserziehung innerhalb der Bildung in der KS? einen sehr wichtigen, weil Mädchen als Ehe- und Hausfrauen bestimmte Grundregeln des Verhaltens erlernen sollen, um ihre gesellschaftliche Stellung zu bekleiden; die Anstandserziehung gehört in das Bild der KS, die eine besonders gute Erziehung vermitteln will
- Wie ist die Vermittlung von Anstandsregeln bei BFs KS zu bewerten? die Vermittlung ist sehr umfangreich, weil es nicht nur um alltägliche Verhaltensgebote, sondern auch vor allem um den Umgang mit Männern handelt.
- Wie weit geht der Unterricht über die Umgangsformen?

er geht von der Benützung eines Taschentuchs bis zur Reinlichkeit Bsp. ich Erz. hält sich genau an die Anweisungen der Schwestern bei der Benutzung eines Taschentuchs

Wie die Mädchen sich generell Männern gegenüber verhalten sollen, wie weit sie in Freundschaften mit Männern gehen dürfen und wie lange Beziehungen dauern dürfen

wie die Mädchen sich dem Mann durch kluge Ratschläge unentbehrlich zu machen wissen

dass die körperlichen Berührungen nicht zugelassen werden sollen

- Wie soll die Haltung der Mädchen sein?

*sie sollen mit Feingefühl die Absichten des Mannes, der sich um sie bemüht, erraten

nähert sich ein Mann mit nur sexuellen Absichten, soll er nicht beachtet werden

ist der Mann hartnäckig, soll sich das Mädchen die Gegenwart eines Dritten verschaffen

steht der Mann fürs Leben fest, soll das Mädchen so lange warten, bis er ihr einen Antrag macht

* um sich von der besten Seite zu zeigen, sollen die Mädchen in Gegenwart des Mannes auf Süßigkeiten verzichten, um als sparsam zu erscheinen; durch Bekreuzigen vor Kirchen ihre Frömmigkeit beweisen; spielenden Kindern übers Haar streichen, um den Mutterinstinkt zu beweisen; sich ständig nach der Mutter des Mannes erkundigen

*wenn ein Hochzeitstermin vereinbart ist, soll die Frau in sexuellen Dingen zurückhaltend sein

* hat die Hochzeit stattgefunden, soll sie dem Mann immer vorweisen, welchen Wert sie für ihn besitzt.

* macht der Mann Seitensprünge, darf ihn die Frau nur bis zu einem gewissen Grade strafen (oberster Richter ist Gott; ein zu langes sich Entziehen ist schädlich)

*hat die Frau sexuelle Hemmungen, soll sie sich an ihre Mutter oder an einen Arzt oder an einen Priester wenden

- Was erreicht diese Erziehung bei den Mädchen?
  - sie lernen nur die Rolle als Ehefrau und Mutter kennen
  - das Bild des Mannes ist verfälscht: er erscheint als leicht zu überlisten
  - das Eheleben erscheint den Mädchen schwer (wie sie den zugewiesenen Platz einnehmen und ihre bestimmten Aufgaben erfüllen müssen)
  - eine Strategie, wie sie sich durch äußere Reize und ein bestimmtes Verhalten den Mann fangen, der ihnen gefällt

E) Erziehungsmethode und Erziehungsziele:
- Welches ist das oberste Ziel im Klosterinternat?
die Erziehung zur Religiosität, damit die Zöglinge den Weg zum Heil gehen und
ihre Lebensaufgabe und Erfüllung im Heil sehen

- Welche oberste Richtlinie gilt in der Erziehung der Zöglinge?
das Gelübde der Religiosen

- Woraus ergeben sich die Erziehungsmethoden?
aus den Zielen des klösterlichen Lebens

- Was bedeutet Erziehung für den Erzieher?
sie gilt als Störung und Gefährdung für das eigene Heil, nicht unbedingt als
Aufgabe, da für ihn die Klausur und die Abwendung von der Welt das
Wichtigste sind

- Welche Probleme bringt das Gehorsamsgelübde mit sich?
die Autorität, die das Verhältnis zwischen Erziehern und Zöglingen prägt, wird
von den Zöglingen als Macht verstanden: ihre Freiheit wird eingeschränkt, sie
müssen auf Identität und Persönlichkeit verzichten und als Folge gilt die
Erziehung als Erziehung zur Unterordnung

- Welche Methoden der Erziehung kommen bei BFs KS vor?
  - Erziehung wird ausgerichtet auf die Sicherung
    des Heils: durch Gehorsam gegenüber den
    Oberen, da diese allein wissen, wie das rechte
    Leben aussehen soll (die Zöglinge sollte sich
    freuen über die gute Klostererziehung) Bsp.?
  - Erwartung von Passivität: die Erzieher werden
    schon das aus den Zöglingen machen, was man
    von Klosterschülern erwartet
  - Gehorsam Gott gegenüber: das wichtigste

- Welche Ziele der Erziehung kommen bei BFs KS vor?
  - Demut, Selbstaufgabe
  - Aufgehen in Gott und in der Religion
  - Verbindung dieser Ziele mit Gehorsam
    gegenüber Gott und Erziehern

- Welche Methoden werden verwendet, wenn Zöglinge nicht parieren?
die Strafe z.B. beim mangelnden Gehorsam, bei mangelnden Befolgen der
Regeln und Vorschriften Bsp. ?

- Warum kann keine Kritik an Methoden/ Zielen entstehen?
wegen der Tradition / der Vorgänger / der Nachfolger

- Was bewirken diese Methoden und Ziele?
eine Unfreiheit

- Zusammenfassend: Worauf sind die Erziehungsmethoden und Ziele in der KS aus?
  - auf eine Anpassung an das System und auf eine Identifikation mit dem System (jede Phantasie, jede Persönlichkeitsäußerung ist unerwünscht)
  - auf die Bildung / Kreation eines gehorsamen, untergeordneten Schülers

- Warum sind diese Methoden vom menschlichen und pädagogischen Standpunkt aus nicht vertretbar?
weil sie zugunsten eines künstlichen, gedrillten Ordnungsmenschen die Persönlichkeit unterdrücken

F) Die religiöse Erziehung in BFs KS?
a) Was steht im Mittelpunkt einer klösterlichen Erziehung?
- die Erziehung zur Religiosität als alleiniger Weg zum Heil
- das Streben nach Vollkommenheit so, dass das Leben auf Gott ausgerichtet wird

b) Was kann religiöse Erziehung bedeuten?
- Bilder z.B. ein Kruzifix; Klischees Gott z.B. mit weißem Bart; Traditionen: z.B. Opferl; Geschichten z.B aus der Bibel; Verhaltensregeln z.B. aus dem Unterricht; Merksätze z.B. aus dem Katechismus; Belohnungs- und Bestrafungssystemsiillustrationen z.B. Himmel und Erde, Hölle, Adam Eva; Sünde z.B. Adam und Eva; Beichte. Oft verstehen Kinder wenig davon. Speziell in der KS: Meßbesuche, Andachten, Empfang der hl. Kommunion, Gebete, Beichte, Exerzitien. Somit erscheint der Weg nach Gott immer anstrengender. Es führt daher meistens zu Zweifeln an dem System (durch Gott und Erzieher symbolisiert)

c) Welche Voraussetzungen für eine religiöse Erziehung gibt es?
- die Kinder werden Gott und die Lehren der Kirche kennenlernen

d) Welches Buch dient als Grundlage für die Vermittlung des kath. Glaubensgutes?

- der Katechismus, ein Lehrbuch, das in der Form von Frage und Antwort die Lehren der Kirche wiedergibt. F zitiert in der KS ständig aus diesem Buch. Oft ist er unverständlich. So wird für die Kinder die Religion zu einer Wissenssache zu einer Pflichterfüllung. Da der Sinn unklar ist, zweifelt das Kind an Gott und geht bis zur vollkommenen Ablehnung der Religion.

e) Welche sind die religiösen Übungen und Feiern?

- Gebete Bsp.?: das Gebet wird gemeinsam gesprochen (siehe § Ora und labora, Aufzählung von Gebeten). Der Sinn des Gebetes: eine Lebenshilfe in allen Situationen. Im Leben bringt das häufige Beten sehr viele Pluspunkte, die für das Leben im Jenseits ein Vorteil bedeuten. Im Werk die KS fragt sich die Ich- Erz., ob beten erfolgreich sei (letzte Zeile), weil sie keinen Vorteil sieht. Ein Gebet kann auch als Schutz gegen Versuchungen gelten. Ziel: den Menschen dem Heil näherbringen
- Meßfeiern und Andachten: Sinn: Üben der Gemeinschaft, aber in Wirklichkeit für die Zöglinge oft Unterhaltungsmöglichkeiten. Bsp. zu häufige Meßbesuche der Ich- Erz. werden von den Erziehern argwöhnisch betrachtet: die Präfektin vermutet sogar dahinter ein sexuelles Vergehen in den Ferien, das das Mädchen auf diese Weise abbüßen will.
- Exerzitien: nur im Zh mit einer Schwester erwähnt
- asketische Übungen: die Zöglinge versuchen selber; die Erzieher aber warnen sie sich diesen asketischen Übungen ohne Rat hinzugeben
- Sünde und Beichte: die Beichte steht im Mittelpunkt der religiösen Erziehung; Sinn sich dem Heil nähern und gegen die Versuchung und den Teufel wirken; die Sünde bedeutet eine Warnung vor Satan und seinen Versuchungen und auch eine Erziehungsmaßnahme, mit welcher die Erzieher die Zöglinge abschrecken wollen.

f) Ist die Nachfolge (die Heranbildung des Ordensnachwuchses) ein Ziel der Klosterlichen Erziehung?

nein, wegen der fortschreitenden Öffnung zur weltlichen Bildung: immer mehr weltliche Schüler werden in KS aufgenommen, daher Schaffung von speziellen

Schulen für die Ausbildung zu geistlichen Berufen Bsp. bei F: bei den Mädchen wird kein großer Druck ausgeübt. Der Weg zu geistlichen Berufen soll ihnen schmackhaft gemacht werden. Er scheint auch die Alternative zur Ehe zu sein. Es wird Werbung dafür gemacht für den Einsatz als Missionsschwestern in der Zeitschrift Jesusknabe.

g) Warum fällt den Zöglingen die Nachfolge schwer?
weil sie eine Abneigung gegen das entsagende Leben, das sie als Jugendliche schon führen müssen und das nur eine Vorform zu dem zukünftigen Leben ist, haben.

7) Bewertung des Werkes KS in der Literatur:
A) Kritik auf der inhaltlichen Ebene durch die Art der Darstellung:
1) Welche Bereiche der klösterlichen Erziehung sind von der Kritik betroffen? Bsp.?
Zusammenfassung: Die Methoden, das System des Klosterinternats, die Regeln und Ordnungen, die strenge Erziehung, die Unterdrückung der Individualität / Persönlichkeit, die hermetische Abgeschlossenheit des Systems von der Außenwelt, der massive Anpassungsdruck und das Auseinanderklaffen von christlicher Lehre und Erziehungspraxis.

2) Welcher ist der Grundvorgang der religiösen Erziehung?
Die Kirche übt eine Macht aus und beeinflusst die Zöglinge so, dass sie sich dieser Macht unterordnen, und unterdrückt dafür nein den Zöglinge bestimmte menschliche Eigenschaften, die dem angestrebten religiösen Ziel gefährlich werden könnten. Die Kirche unterdrückt das ES, das Unterbewusste, die Bereiche aller Kreativität und Sinnlichkeit und erschafft eine Unharmonie mit dem Ich und dem Über- Ich im Kind. So wird das Kind ein Un- Wesen.

3) Wie erfolgt die klösterliche Erziehung vor allem bei F?
als rollenspezifische Konditionierung und als klischeeartige Darstellung des Lebens. Das traditionell kirchliche Frauenbild bestimmt die Erziehung: in einem patriarchalisch verstandenen Katholizismus nehmen in der Hierarchie Gott-Mann – Frau Mädchen und Frauen die unterste Stufe ein. Es gibt daher nach abgeschlossener Erziehung für die jungen Frauen nur 2 Wege: die Ehe oder das Kloster, wobei beide Wege Unterordnung (in der Ehe unter den Mann, als Nonne unter die Oberen, die Kirche und Gott) bedeuten.

4) Was ist für die klösterliche Erziehung wichtig?
die Jungfräulichkeit und die Keuschheit

5) Was bedeutet Ehe für die klösterliche Erziehung?
die Ehe erscheint unter dem Aspekt der Nützlichkeit; wer heiratet wird für das Leben versorgt. Der Mann ist zwar der Besitzer der Frau und die Frau eine Ware

für den Mann, durch ihre Unterordnung aber (wie im Kloster) kann die Frau das Heil oder Glück erreichen.

6) Welcher ist der Status der Mädchen /Frauen in der klösterlichen Erziehung?
ein bestimmtes Weiblichkeitsbild wird ihnen anerzogen, das den männlichen Wunschvorstellungen entspricht. De Frau verliert ihre Subjektivität. Sie kommt nicht als Frau zur Welt, sie wird es. (von F)

7) Wie begründet die Kirche ihre Einstellung zur Frau?
mit Hilfe der Bibel ist die Frau ein Wesen, das sich unterordnen muss Bsp. Sündenfall der Frau, zuerst Mann dann Frau geschaffen

B) Kritik auf der sprachlichen Ebene durch den gezielten Einsatz von sprachlichen Mitteln:
1) Wie charakterisiert BF die Sprache in den Klosterschulen?
als Indoktrinationsmittel verwendet

2) Wie sieht die Sprache aus?
sie ist ein religiöser Jargon, eine Montage/ eine Vermischung aus Zitaten aus der Bibel, dem Katechismus, der Liturgie und aus dem Mund der Nonnen.

3) Welche Eigenschaften besitzt diese Sprache?
sie wird gekennzeichnet durch das Bild eines allmächtigen Gottes, durch das Vokabular des Gehorsams und des Kampfes Bsp. 1: die Bergpredigt als Szene aus der Bibel im Kapitel „der Traum"; Bsp. 2 Befehlssätze zwischen Erziehern und Zöglingen.

4) Welchen Platz hat die Privatsprache der Ich- Erz.?
einen untergeordneten Platz, weil der religiöse Jargon dominiert

5) Wozu wird diese Sprache verwendet?
zum Uniformieren und zum Beeinflussen (siehe letzter Brief mit Abfassung in der Privatsprache aber auch mit Durchdringen von Phrasen des Klosterjargons)

6) Welchen Ton hat BF in ihrer KS?
Ironie: erreicht durch Verwandlung von Sätzen aus den religiösen Schriften. Es bedeutet einen Protest gegen die Erziehungsmethoden

7) Wie hat zusammenfassend BF die Erziehung im Klosterinternat empfunden?
als Manifestation von Macht und Reglementierung

8) Was bedeutet also Schreiben für BF?
ein Entkommen aus der Zucht um negative Erfahrungen loszuwerden.

Barbara Frischmuth: Die Klosterschule:

1. Kapitel:
Ora et Labora:
scheint ein wichtiges Kapitel zu sein, weil es am Anfang des Buches steht.

a) Welche Pflichten haben die Schülerinnen:
Ora et labora (siehe Titel); sie müssen beten und arbeiten, weil es gegen den
Ernst des Lebens hilfreich ist, weil es gegen die Versuchung des Bösen (Laster;
Lasterhafte; Bsp. Viper), gegen die Irrungen, die Verleitungen des Lebens
schützt und das leibliche Wohlbefinden die ewige Seeligkeit, das Heil und eine
Hilfe im zukünftigen Leben garantiert

b) Welche Gebete betet man und wann wird gebetet?
Es wird täglich gebetet und zwar am Morgen, am Nachmittag am Abend, nach
der Messe etc. (S. 7). Somit ist das Gebet ein wesentlicher Bestandteil im Leben
der Schülerinnen.
Gebete: Morgengebet vor Tagesbeginn, Schulgebet vor Schulbeginn,
Schlussgebet nach Unterrichtsschluss; Tischgebet vor und nach den Mahlzeiten,
Studiengebet vor und nach Studium, Abendgebet am Abend
= Gebete, die im Bezug mit dem täglichen Leben verwendet werden

religiöse Gebete: Peter noster, Gloria, Credo, Halleluja Lied, Canon, Agnus Die,
Communio , Ite missa est etc.

c) Warum wird gebetet; welchen Sinn und Zweck verfolgen die Gebete?
sind wichtige Lebensregel (Siehe a)
Es wird gebetet um ein Ziel zu erreichen: ein Leben im Dienste des Glaubens,
der Gerechtigkeit, der Liebe, der Nächstenliebe nach dem Vorbild Jesu Christi
und nach dem Trachten nach dem Göttlichen und nach der göttlichen Wahrheit
(S.8-9)

d) Wie wird gebetet?
es wird gebetete nach den Geboten der Kirche (S.8) Wie man uns zu beten
gelehrt hat" und es wird gebetet mit verschiedenene Körperhaltungen und
Gebärden (mit erhobenem Blick, stehend, kniend etc.) = nach einem bestimmten
Ritual; es wird gebetet immer mit Herz und Geist und es wird immer mit Ernst
gebetet; mit Inbrunst, sie beten gerne (leicht ironisch)
„Wir beten täglich und gerne" (1.Z. S.7)

e) Welches Bild der Schülerinnen und Schule hat man bez. der Religion?
Die Schülerinnen sind Angehörige der kath. Jungschar, Zöglinge des Klosters,
sind Schülerinnen der Ober- und Unterstufe (Alter: 10-18); man verlangt von

ihnen, dass sie strickt den Regeln der kath. Schule unterwerfen, Schule ist eine
Erziehungsanstalt für eine streng kath. und tugendhafte Erziehung

f) Welcher Ton herrscht in diesem Kapitel?
ein sanft ironischer Ton z.B. „ wir beten täglich und gerne" ; „hl. Messe, die uns
nicht nur Pflicht sondern auch Bedürfnis ist"; „wir nehmen die Gebete ernst wie
wir das Leben ernst nehmen"
sie stellt die täglichen Gebete mit den religiösen gleich
sie verwendet die Sprache der Liturgie; Messe; Religion (wir beten wie man
uns zu beten gelehrt hat;) (S.8)

2. Kapitel:
Spazierengehen:

a) Wann wird Spazierengegangen?
jeden Tag aber mit Unterschieden (der Wochentags 1h; Sonntags 3h); das ganze
Jahr über bei jedem Wetter

b) Wohin geht der Spaziergang?
abhängig vom Wochentag; es gibt nur 3 versch. Routen, die zu best. Tagen
gemacht werden

c) Wie wird spaziert?
nach bestimmten Regeln; (S.14 unt. und 15 ob); nach den Soll- Prinzipien:
Ordnung(Reih und Glied; Abstand halten; keine Regenschirme verwenden),
Disziplin(an den Händen halten; Natur respektieren; nichts kaputt machen;
keinen Müll hinterlassen) und Anstand(Englisch reden; Grüßen) müssen befolgt
werden;(S.15)

d) Was wird untergraben?
die Freude am Spazierengehen wird untergraben; der eigene Wille wird einem
höheren untergeordnet (S.15)

e) Wie sind die tatsächlichen Haltungen der Schülerinnen; Was haben die
   Schülerinnen erfunden, um gegen die Vorschriften zu verstoßen?
Scheinsprache entwickelt um nicht Englisch reden zu müssen; Scheinheiligkeit
wird gefördert durch die strengen Vorschriften (sie stupfen sich hinter dem
Rücken der Aufsicht; machen Schneeballschlachten)
Autorin redet von „Unehrlichkeit", die durch Verbote anerzogen wird (z.B.
Geheimsprache). Beim Spaziergang siegt der Reiz des Verbotenen.

f) Eindruck des Spazierganges?
strengen Regeln rufen Scheinheiligkeit; Geheimniskrämerei der Schülerinnen
hervor

g) Warum wird spazierengegangen?
um Sauerstoff für den Körper zu bekommen; Harmonie zwischen Körper und
Geist durch frische Luft/ in der Natur
Spazierengehen führt zu einer „Läuterung"; hat also auch etwas religiöses an
sich; „Läuterung ist ein Prozess zwischen Mensch und Gott, aber von einem
Leiter verursacht" (Leiter ist jemand von der Schule /Schule)

h) Warum muss eine Harmonie zwischen Körper und Seele sein?
der Körper ist eine Gabe Gottes, die zu pflegen ist; Seele auch

i) Warum gehen sie spazieren?
der Spaziergang wird gemacht, um dem Einfluss der Zeit entgegenzutreten
(S.10); der Mensch wird immer bequemer und diese Bequemlichkeit führt ihn
ins Verderben
der Spaziergang wird genützt, um Erfolg zu erzielen und auf eine Rückmeldung
aus; sie lernen beim Spazierengehen; der Einfluss der Schule ist überall (sogar in
der Freizeit) spürbar

j) Was für einen Eindruck habe ich von so einem Spaziergang?
der Spaziergang bringt keine Freude, ist eher ein Zwang, da sie keine
Bewegungsfreiheit haben; der Spaziergang ist verschiedenen Normen
unterworfen (Ordnung, Disziplin und Anstand); der Spaziergang ist wie das
Beten ein Panzer ein Korsett; die Schule erdrückt die Schülerinnen

k) Was wird ein normaler Mensch tun dagegen?
die Schülerinnen versuchen auszubrechen; sie rebellieren (sprechen
scheinheilig; werfen Schneebälle; erfinden Geschichten; sie machen Dinge die
Verboten sind)

l) Wie weit geht die Unterdrückung durch die Schule?
nicht nur, dass sie Englisch sprechen müssen/ sollen; sie sollen auch
Geschichten erzählen aus dem Schulbetrieb; erst am Sonntag dürfen sie
Geschichten erzählen, die ihnen nicht vorgeschrieben sind, sie dürfen dann ihren
Träumen nachgehen.

m) Wo kommt die Ironie vor?
durch Gegenüberstellung von Soll- Handlungen und dem Tun (Geschichten, die
sagen sollen; erträumte Geschichten die sie am Sonntag erzählen); Szene mit

Regenschirm (S.12) : Übertreibungen: Regenschirme der Lehrer werden
unschädlich gemacht / entschärft;
Regenmäntel: selbst auswählbar; keine Uniform (Sommer und Winter gleich
ausschauend : Winter lange Ärmel!!)
Frühlingsblumen
Soll- Prinzipien vgl. 10 Gebote (religiöses Muster)
(Z1-2 = Resumée des ganzen Kapitels)

3. Kapitel:
Die Art der Betrachtung:

a) Es gibt viele Arten von Spiegeln und viele Anwendungen dieser Spiegel. Die
   Autorin verwendet 1 best. Spiegel und 1 Anwendung: Welche?
Sie verwendet den Spiegel im Waschraum nicht, weil er das Bild verfälscht.
Ihren eigenen Taschenspiegel verwendet sie auch nicht, da er zu klein ist und sie
nur Unreinheiten der Haut damit beseitigt und nicht das ganze Gesicht sieht(
sondern die defekten Stellen).
Sie verwendet den Spiegel im Krankenzimmer, da man sich darin am besten
sieht. Um an diesen Spiegel zu gelangen, muss sie warten, dass die Schwester
vergessen hat abzusperren; da es sonst verboten ist, es verlangt eine unerlaubte
Handlung, oder sie muss sich kankstellen oder krank sein.

b) Was symbolisieren sowohl die unerlaubten Handlungen beim spazierengehen
   als auch die Suche nach diesem Spiegelbild?
diese unerlaubten Handlungen beim Spazierengehen sind eine Suche nach der
eigenen Individualität , nach dem eigenen Tun und ein Trotz gegen die
Vorschrift. Der Hauptzweck des Spiegels ist ein Werkzeug um sich selber zu
entdecken bzw. um ihre Persönlichkeit zu erfassen, um ihr Ich / Individualität zu
ermessen. (siehe Gesichtsbeschreibung mit Maßen / Abständen, untypische
Gesichtsbeschreibung; die Geschtsbeschreibung ist ein Ausdruck ihrer eigenen
Persönlichkeit und gleichzeitig eine individuelle Tat gegen die Konvention /
Druck strengen Regeln der Schule; Beschreibung ist Tat um gew. Freiheit zu
erlangen)

c) Was für eine Meinung hat die Schule von den Spiegeln?
sie fördern die Eitelkeit und kosten Zeit

4. Kapitel :
Schimäre: (= Hirngespinst)
a) Um welches Fest handelt es sich?
Nikolaus

b) Wie wird dieses Fest gestaltet?
nachgeamte Szene aus dem jüngsten Gericht; Bischof = Nikolaus; Teufel sind
Böses; Gute belohnt, Schlechte bestraft

c) In wie weit ist dieses Ritual religiös?
indem man Guten belohnt und schlechten bestraft (geschlagen) → religiöser
Sinn des Festes
→ manchmal vergreifen sich die Teufel auch an den Guten → kritische Ironie;
ironische Kritik!! (= Überlappung des Guten mit dem Bösen; Klosterschule
sollte eigentlich Gutes vom Bösen ganz genau trennen); Steigerung: ein Teufel
hilft dem Mädchen und bringt sie zurück ins Krankenzimmer → begeht eine
gute Tat → Gipfel am Schluss des Kapitels: Hilfeschrei des Mädchens: Hilf
Teufel!!!(Fluchtweg aus diesem Panzer)
Hauptziel der Klosterschule wird in diesem Kapitel sehr stark kritisiert, indem
Gutes und Böses sich überlappen.

d) Personen?
Sr. Rosa: nett, aber zwingt sie beim Fest teilzunehmen, ist Inbegriff des
Dualismus (2 Gesichter); ist Krankenpflegerin (Gut), sie ist Klosterschwester
(bös bzw. Zwang /Autorität einnehmen, sie muss das Steife verkörpern)

e) Wie bewertest du die Reaktion der Schülerin gegenüber Schwester Rosa?
sie phantasiert, weil sie Fieber hat; Diese Reaktion ist wieder ein Symbol: der
Wille zur Flucht, zur Freiheitserlangung, da Sr. Rosa die Ketten dieser Schule
symbolisiert → strampeln Symbol für Willen zur Freiheit

f) Wie wird der Wille zur Freiheit aufgefasst?
es gibt zwei Ebenen:
1. Ebene der Schule: alle sind anwesend, weil sie sich sorgen um das Kind
   machen
2. sie kriegt eine Spritze zur Beruhigung
in der Realität aber beschreibt die Autorin die Szene von dem Standpunkt aus,
den sie empfindet, von ihr aus; der Wille zur Freiheit/ das Strampeln gleicht für
die Klosterschwestern einer Rebellion, einer Revolte (die Schülerin vergreift
sich an einer Klosterschwester) daher ist höchste Alarmbereitschaft geboten

→ letzte Szene: alle sind da, alle halten sie Fest; kein einziger Körperteil bleibt frei vom Druck der Institution; kein Gedanke von ihr bleibt frei (sie wird nicht gefragt, wenn man ihr die Spritze gibt) → psychische Vergewaltigung, Nötigung

g) Wie wird die Ironie dargestellt (die ironisierende Kritik)?
die letzte große Überlappung des Bösen und Guten „lieber Teufel, um gotteswillen Hilf" → im Kloster ist Gut und Böse gleich (wenn Schwestern etwas gutes Denken wirkt es Böse → Spaziergang → frische Luft, aber Zwang)

Die Szene wird als Hirngespinst dargestellt →noch größere Ironie;

h) Warum beschreibt die Autorin die Realität als Hirngespinst?
weil sie erstens die Stimme einer Schülerin / Rolle einer Schülerin übernimmt und muss sich fügen, weil sie Schülerin ist (sie wäre sonst ausgeschlossen), daher muss das Geschehen als Hirngespinst dargestellt werden, so dass der Leser, der für eine Klosterschule ist, sich sagt, dass dies ein Einzelfall ist. weil sie zweitens eine kritische Stimme ist, die die künftigen Klosterschülerinnen aufklären und warnen muss und durch diese Hülse der Schimäre kann jede Schülerin sich denken wie schlimm es ist, weil da sogar das Unterbewusstsein angegriffen wird und das treibt die Schülerin zum Wahnsinn.

i) Was erfährt man von den Sitten der Klosterschule?
Spazierengehen, sie feiern die religiösen Feste (sogar mit Einsatz des Bischofs → vielleicht einzig in der Gegend) ; man erfährt, dass sogar bei Festen Ordnung und Disziplin herrschen müssen; erfährt, dass sie im Internat ein Kranken- und Behandlungszimmer haben, man redet von einer Glocke, die zur Versammlung der Schüler verwendet wird; man erfährt noch, dass es eine Präfektin gibt und, dass jede Schwester eine bestimmte Rolle hat und eine bestimmte Autorität repräsentiert; und man erfährt, dass der Druck der Schule auf die Schülerinnen unausweichlich bleibt (Spritze).

5. Kapitel:
Das Schulbeispiel:
a) Welche Anstandsregeln müssen die Schülerinnen in diesem Kapitel beachten?
Anstandsregeln beim Schneuzen; sehr streng

b) Was macht die Schülerin in der Englischstunde?

Sie liest heimlich den Missionsbericht unter dem Tisch, der ihr dann aus den Händen fällt. Sie tut wieder etwas verbotenes.

c) Warum wählt die Autorin eine Missionszeitschrift und nichts anderes aus?
weil die Zeitschrift religiös ist, somit dem Glauben der Schülerinnen und der Schule entspricht und zweitens weil der Inhalt und der Zweck des Berichtes dem Erziehungsinhalt der Schule entspricht, nämlich aus den Schülerinnen gute Gläubige zu machen und den eigenen Glauben den anderen anzueignen und dass die Mädchen ihren eigenen Glauben entdecken ; die Schule macht dies , indem sie sie mit dem Christentum konfrontiert z.B. hier mit der Mission als Indoktrinierungsmittel

d) Wie wird die Mission hier dargestellt?
als harte, zufriedenstellende Knochenarbeit im Sinne der Religion und Menschheit, die man nur durch Gottes Hilfe verwirklichen kann.
als sehr positive Resultat eines Gottesglaubens; Glaubens an Gott

e) Warum reagiert die Schwester nicht böse als sie das Mädchen beim Lesen der Zeitschrift ertappt?
Sie reagiert nicht, weil das,was die Schülerin als Verbotenes gemacht hat, alles in allem im Sinne der Schule ist. Da die Schule will, dass man die Religion praktiziert; dass sie Praktikantinnen der Religion werden.

f) Was für ein Zweck hat hier die Englischstunde?
Die Indoktrinierung findet auch in denen der Religion weitest entferntesten Stunden, harmlosesten Stunden mit der gütigsten Lehrerin(Ami = Freund) statt.

g) Was für ein Symbol hat die Englische Sprache?
1. sie gibt die Realität im Unterricht wieder und sofort danach kommt die Indoktrinierung (Drillen) auf etwas Gutes, Höheres, auf jemand Höheren.
Die Schule spinnt um die Mädchen ein Netz.
Die Mädchen dürfen nicht alles machen, was sie wollen; sie werden in ihren Handlungen eingeschränkt; aber sie dürfen alles denken, was sie wollen, weil man es nicht kontrollieren kann; sie dürfen nicht alles sagen, was sie wollen (nur sonntags); sie dürfen auch nicht alles tragen, was sie wollen (Uniform); → alles wird von der Schule vorgeschrieben: ihre Haltung, ihre Kleidung, ihre Gesprächsstoffe, ihre Zeiteinteilung, ihre Lernstoffe; all dies wird kontrolliert und von der Schule eingeführt;

h) Schulbeispiel?
ein Beispiel,wie man Indoktriniert wird; das Beispiel der Schule

6. Kapitel:
Die Anstandsstunde:

a) Welchen Inhalt hat diese Stunde?
sie stellt die möglichen Stadien/ Etappen/ Situationen einer Mann- Frau
Beziehung mit ihren guten und schlechten Seiten dar;

b) Was sollte diese Stunde bei den Mädchen bewirken?
die richtige Reaktion beim richtigen Zeitpunkt und die Stunde sollte ein Rat für
die Mädchen in allen Lebenslagen sein

c) Was bewirkt in Realität diese Anstandsstunde bei den Mädchen?
stellt ein Bild ihrer Zukunft mit den möglichen Freuden und Leiden dar

d) Wie wird dieses Bild dargestellt?
wie eine Fibel : in dieser Fibel gibt es eine Progression von immer schwerer
werdenden Situationen, die eine Frau zu meistern hat.

e) Was denkt sich eine Schülerin dabei?
sie denkt sich , dass eine Beziehung Mann- Frau viele Gefahren in sich birgt (
Schwangerschaft; Krankheiten; Betrug;(Unfruchtbarkeit) und sehr schwer zu
meistern ist → sehr viele Regeln zu befolgen, sehr viele Anstandsregeln zu
befolgen; man muss ständig auf der Hut sein, richtig reagieren (z.B. wenn der
Mann zu aufdringlich ist oder zu schüchtern; wenn der Mann ein Schürzenjäger
ist oder ein Muttersöhnchen ist etc.)

f) Worauf ist die Anstandsstunde aus?
die Vollendung eines weiblichen Lebens nur im Kloster als Nonne ist; als
Schutz gegen die Schwierigkeiten des Liebesleben und des Leben allgemein.

g) Worin liegt die Ironie?
auch hier liegt eine unbewusste Indoktrinierung; Die Schule geht so weit, dass
sie die Schülerinnen vor eine Mauer stellt, die für die meisten kaum zu erklettern
ist. Die einzige Lösung ist: jenseits der Mauer zu bleiben und zwar im Kloster;
ein Klosterleben führen

7. Kapitel:
Der Traum:

a) Was ist der Sinn des Kapitels?
die Entscheidung zwischen Nonne zu werden oder nicht

b) Was ist die Rolle der Schwester?
sie erlöst sie mit Weihwasser (religiös); weckt sie

c) An welches Kapitel erinnert uns dieses Kapitel?
Schimäre → der Traum
am Anfang gibt es eine Überlappung der Realität mit der Fiktion; diese
Überlappung bewirkt einen Zweifel, eine Trübung des klaren Verstandes → es
bewirkt eine Art Entpersonalisierung, die soweit führt, dass sie sogar Gott hört
(unter Gottes Einfluss steht); Gott will, dass sie Nonne wird(er symbolisiert hier
die Kirche und die Instituton)

d) Wie reagiert die Schülerin?
sie will nicht und ignoriert es;

e) Wie reagiert Gott /die Institution darauf?
Gott wird immer bedrohlicher; der Ausruf wird immer bedrohlicher; sie wird
immer mehr in die Enge getrieben;
vgl. Schimäre: der Teufel rettet sie

f) Wer rettet sie in diesem Kapitel?
zuerst: sie sich selbst, indem sie alles in Frage stellt(z.B. die Begriffe, den
Inhalt, den Glauben, das Höchste) ;
dann der eigene Verstand, der abwägt, was sie gemacht hat und noch zu machen
hat um die Würde der Klosterschwester zu verkörpern
und schließlich die Realität: der Lärm und die Klosterschwester;

g) Wo bleibt die Gefahr erhalten?
Dass die Klosterschwester wieder mit einem Religiösen Symbol hantiert
(Weihwasser) und dass man das Wort Glaube nicht definieren kann; sie stellt
den Glauben in den letzten 2 Zeilen in Frage;

h) Wie ist die Reaktion der Schülerinnen gegenüber der Indoktrinierung?
um der Indoktrinierung zu entgehen müssen die Schülerinnen alles in Frage
stellen;

8. Kapitel:
Das Glück:

a) Was beschreibt man in diesem Kapitel?
man beschreibt das Essen und den Sinn des Essens; die Vorschriften, die mit
dem Essen verbunden sind;

b) Welche Arten von Essen gibt es?

das Essen das schmeckt und das Essen das nicht schmeckt

c) Welches Essen schmeckt den Schülerinnen nicht?
das Mittagessen, es hat keinen guten Geschmack → sie lassen es stehen
das Abendessen

d) Welches Essen wird hier beschrieben?
das Frühstück, es schmeckt ihnen, weil sie es genießen und viel essen

e) Welches Essen schmeckt ihnen am Besten?
das Essen von 4-5, weil es von zuhause zugeschickte Pakete sind

f) Wo nehmen sie die Mahlzeiten zu sich?
im Speisesaal

g) Was erfährt man vom Speisesaal?
jeder hat einen eigenen Platz / Kiste , in der sie ihr Essen lagert; sie müssen
beim Essen eine Schürze tragen; sie essen unter dem Kruzifix und an jedem
Tisch sitzen 12 Leute

h) Wie scheint das Frühstück zu sein?
sie essen Brote mit Marmelade, Margarine und Wurst außer Freitag und trinken
dazu Tee (normales Frühstück)

i) Ist das Essen ein religiöser Akt?
nein, denn sie essen nur für ihre Gesundheit
aber jeden Freitag gibt es weder Fleisch noch Wurst; die Schule respektiert beim
Essen doch die Gebote der Religion

j) Was bewirkt das Essen bei den Mädchen?
das Essen bewirkt bei den Mädchen ein Glücksgefühl; das Essen hat aber auch
den Zweck Probleme auszugleichen;

k) Welchen Trick verwenden die Mädchen, wenn das Essen ihnen nicht
   schmeckt?
sie stellen die vollen Teller so übereinander, dass man es nicht mehr sieht, ohne,
dass es bemerkt wird

l) Welche Vorschrift der Hausordnung erfährt man in diesem Kapitel?
die Mädchen dürfen nach Bettruhe nicht mehr reden (von 9 Uhr bis 6.30); aber
die Mädchen erzählen sehr gerne um diese Zeit Geschichten

m) Was passiert, wenn die ertappt werden?

sie dürfen am Wochenende nicht zu ihren Eltern

n) Auf welche Schülerinnen erstreckt sich die Strafe?
auf das ganze Zimmer; Gemeinschaftsstrafe

o) Wo kommt Ironie vor?
die Persönlichkeit wird zu einer Nummer herabgesetzt (122 wie die Nummer der
Feuerwehr)
man erfährt, was die Schwestern tun(sie wandeln die Gänge auf und ab mit
ihrem Brevier)

9. Kapitel:
Das Wesen der Gemeinschaft:

a) Was erfährt man über den Abend?
sie müssen die Schuhe im Keller ordentlich bis sie glänzen putzen → wenn dies
nicht passiert, werden sie mitten in der Nacht geweckt und sie müssen die
Schuhe im Keller putzen
Zähne putzen; sich die Füße waschen, sich waschen: Di und Do, weil man sonst
stinkt , man wird aufgeschrieben, wenn man das nicht tut; (Die Reinlichkeit
gehört zum Anstand)

b) Was müssen sie am Abend tun?
sie müssen schauen, ob ihre Nachtkästen, Garderoben und Schränke ordentlich
sind; es wird kontrolliert

c) Was wird am Abend bei all diesen Handlungen verboten?
Fußwaschen dürfen sie nicht spritzen
Schuhputzen dürfen sie nicht reden und lärmen

d) Was passiert, wenn sie das tun?
sie bekommen 3 Strafpunkte
wenn sie nach 9 Uhr reden wird die Gemeinschaft bestraft (sie dürfen nicht
nach Hause)

e) Was für eine Stellung haben die weichlichen Schülerinnen?
(sie benutzen eine Wärmflasche) sie werden verpönt, da ein Ziel der Erziehung
die Abhärtung ist

f) Was ist die Wirkung der Abhärtung?

die Abhärtung führt zur Ordnung und Disziplin

g) Welches System haben die Schülerinnen bei Strafen entwickelt?
derjenigen, durch die sie eine Strafe bekommen haben, wird gerügt durch einen
Denkzettel → Anhänger und Freundinnen derer unterstützen die Betroffene →
Streit und Kampf → noch härtere Strafen → Versöhnung oder aufgrund des
Versöhnungslärms → Streit wegen Strafe
(Teufelskreis) → es gibt gar keine Versöhnung
eine Strafe ist nicht das Ende einer schlechten Tat sondern der Wiederanfang
von weiteren schlechten Taten und Strafen
oft endet dieser Streit aber, weil die Furcht vor der Autorität sie wieder
zusammenhalten lässt

h) Was erfährt man über den Ort, wo die Mädchen schlafen /Schlafsaal?
ein mehr oder weniger angenehmer Ort, aber nicht immer, weil die Mädchen
schweigen müssen

i) Was gibt es für Räume im Internat?
es gibt einen Esssaal, Waschsaal, Kranken- Behandlungszimmer, Schlafsaal,
Klo
es gibt mehrere Stockwerke

j) Wann müssen die Mädchen schweigen?
nachts,
tagsüber: in der Schule/Unterricht, beim Essen, beim Waschen, beim
Schuheputzen;

k) Wann schweigen sie nicht?
nachts: wenn das Licht brennt (aber nicht zu laut)
tagüber: Spaziergang

l) Was ist der Schlafsaal?
der Ort, wo sie die Nacht verbringen: lachen, weinen und ganz intime
Handlungen, Erinnerungen (Photo anschauen); Süßigkeiten essen;
→ der Schlafsaal erscheint als geheimnisvoller Ort für die Schülerinnen, wo sie
ihre Persönlichkeit noch ausdrücken können, Geheimnisse haben, wo sie
ungezügelt ihren Gefühlen freien Lauf geben können

m) Was ist die Rolle der Schule bezüglich der Gemeinschaft/
Lebensgemeinschaft? (S.46)

Rücksichtnehmen auf den Nächsten, Gemeinschaft, auf den anderen;
Erziehung/ wertvolle Erziehung, die auf die Heranbildung angesehener
Menschen ziehlt; angesehene Bildung;
Schule hat besten Ruf
Pflicht: erste Aufgabe den Ruf der Schule nicht zu beflecken; (weil die Schule
Nachfolger haben wird)
Schule ist eine Stätte, die für das leibliche Wohl, geistiges und seelisches wohl
der Schülerinnen sorgt
sie sind zu Dank verpflichtet/ Dankbarkeit für Güte und Strenge (Zwiespalt) im
Hinblick auf die vohergehenden Generationen; Erziehung ist bewährte Methode
aus dieser Schule entspringen lauter brauchbare Leute; auf Menschen wie sie ist
die Welt angewiesen; (gefestigtes Wissen und fester Glaube ist die Pflicht der
Schule)
sie sollen bescheiden im Herzen sein, aber sie können sich behaupten;
persönlich sind sie verfügnislos, aber sie werden viel zur Verfügung haben;
sie müssen an Kirche und Gott glauben, dass sie helfen; Kirche und Gott sind
Hilfe;
Ausbildung ist mit Schmerz verbunden;
Erziehung zum Gemeinschaftsleben → Gemeinschaft bedeutet Schutz (in
Kirche und Gott) und Stärke;

Gemeinschaft ist das Um und Auf ;

n) Weitere Strafe?
mitten in der Nacht im finsteren Gang knien, man kann auch vergessen werden;
so lang bis die Schwester, die den Rundgang macht es erlaubt ins Bett zurück zu
gehen;

o) Was passiert wenn man verschläft?
zuerst läutet die Glocke, dann wird man mit Weihwasser besprengt und dann
wird man samt Matratze herausgehoben und fallen gelassen → Bett machen
(sorgfältig) → Frühstück zu spät → Unterricht (Gemeinschaftsstrafe!!)

10.Kapitel:
Antonius und Kleopatra:
a) Warum dieser Titel?
Antonius war Kleopatras Mann
ein verbotenes Liebesspiel

b) Was für ein Liebesspiel ist es?
sie küssen einander auf den Mund (sie zählen die Minuten, wie lang sie es
aushalten)

c) Warum tun sie das?
Liebesersatz, da sie keine Buben haben

d) Was denken die Schülerinnen über dieses Spiel?
sie denken nichts schlimmes dabei, wissen aber, dass es verboten ist

e) Wie ist die Reaktion der Schwester als sie sie ertappt?
sie ist von dem Verhalten schockiert und denkt sie seien abwegig veranlagt; sie
akzeptiert das Verhalten nicht; sie denkt wie der Orden;

11.Kapitel:
Religionsunterricht:

a) Was lernen sie im Religionsunterricht?
sie lernen Merksätze aus dem Katechismus und Definitionen von der Religion;
abstrakte Begriffe werden ihnen zugänglich gemacht
sie müssen die Religion in der realen Welt finden (See, Berg, Naturgesetze)
Gott ist in der Natur und im eigenen Gewissen → religiös sein

b) Der Zweck der Religionsstunde?
Dem Menschen Gott näher bringen

c) Ist diese Religionsstunde wichtig?
ja, da maŋihnen die Religion so beibringt, dass sie am Ende der Stunde 2
Eindrücke haben : sie haben die Begriffe verstanden; sie haben frei denken
könne (Indoktrinierung); man macht ihnen die Religion klar und verständlich
ohne sie zu zwingen

12. Kapitel:
Das Fleisch und das Blut:
a) Was bietet die Gemeinschaft?
einen Schutz

b) Was dürfen die Schülerinnen nicht tun?
sie dürfen sich nicht absondern; sie dürfen nicht alleine sein, nicht zu zweit; sie
haben keine Privatssphäre
c) Warum pflegt man die Gemeinschaft?
weil man nur in der Gemeinschaft stark ist und sich gegen das Böse wehren; von
der Religion aus: der Teufel, die Sünde, die Versuchung

im Weltlichen Bereich die Sexualität
im Internatsleben: die verbotenen Sachen

d) Was wird am Anfang (S.71) in diesem Kapitel beschrieben?
über die Schule mit ihren Räumlichkeiten, Gebäude, Umgebung:
Aussehen der Schule:
sie hat einen Park mit Bäumen, mitten in der Natur; Lourdes- Grotte,
Rosengang, Buchenlaube, Turnsaal, Waschhaus, Spielplatz, Musikzimmer,
Küchentrakt
→ die Schule ist für die Grundbedürfnisse der Insassen und Nonnen eingerichtet

e) Was erfährt man über die Liebe im Kloster? (S.72)
Versteckt und als Tabu; sie klären sich anhand der Bibel (Alten Testament) auf;

f) Welche Arten von Liebe verbietet das Kloster?
jede Art von Liebe (sowohl die normale als auch die abwegige)

g) Welche Art von Liebe herrscht im Kloster?
Nächstenliebe

h) Wie ist das Denken der Schülerinnen anders als das Denken in der Bibel?
Bibel: Regel ist Unreinheit
Schülerinnen: Normal

i) Wie wird die Liebe in diesem Kloster dargestellt?
als abnormal (zwischen 2 Schülerinnen) : körperliche Liebe
in Geist und Gedanken ist sie unrein (sie tut Verbotenes)
die normale Liebe kann nicht erfolgen, also muss die abnormale Beziehung
eingegangen werden; Trieb ist stärker als die Regeln des Klosters;

13.Kapitel:
Der Geist und das Fleisch:
Geist = Tugenden die die Schule den Zöglingen anerziehen will
Fleisch = Lust, Körper, Trieb
a) Wonach trachtet die Klosterschule?
nach der Vollkommenheit der Mädchen

b) Wie wird diese Vollkommenheit erreicht?
durch Ordnung, Disziplin und Gehorsam der Schülerinnen, die nach Ordnung,
Disziplin und Gehorsam trachten; aber auch durch die Gemeinschaft und
gegenseitige Hilfe, Zusammenhalt und Stärke und durch Helfer (Schutzengel
und Erzieher/ Eltern)

c) Was sind die Gründsätze des Schulwesens?
Vollkommenheit (geistig); Ehrgeiz wecken; bestmögliche Erziehung; Reife
→ Respekt vor Älteren (Oberstufe), Oberstüfler einem helfen, Toleranz

d) Wie manifestiert sich das Böse?
durch die unmöglichen Liebesbeziehungen: durch die Liebe zwischen Ober- und
Unterstüfler(Schule schreitet dazwischen und schließt einen oder beide aus), zu
Unterstufe – Unterstufe (Rüge), Oberstufe – Oberstufe (Verwarnen und
Ausschluss); Liebe zu einer Lehrperson (meistens nicht erwiedert →
Abflachung oder die Schülerin wird Wahnsinnig)

e) Gewinnt die Fleischliche Liebe?
sie wird unterbunden

14.Kapitel:
Lauf der Welt:
a) Was ist mit dem Mädchen an die sie den Brief schreibt?
Das Mädchen wurde ausgeschlossen,

b) Was für einen Weg hat eine Schülerin, wenn man sie der Liebe verdächtigt?
sie lügt

c) Wo befindet sich das Mädchen in diesem Kapitel?
im Bett einer Freundin (lesbisch)

d) Was tun sie im Bett?
 sie fragen sich für die Schularbeit ab

e) Was für einen Trick gibt sie uns an?
sie schmuggelt den Brief an ihre Liebhaberin durch eine Externe aus dem
Kloster

f) Was für Räume stellt man uns vor?
Kapelle und Studiersaal

g) Wie wird die Erziehung im Kloster von den Mädchen aufgefasst?
 als von Gott gerechtfertigter Gewaltakt; und die Mädchen müssen der Obrigkeit
untertänig werden

h) Was für ein Resultat hat die Erziehung im Kloster bewirkt?
die eine glaubt an nichts mehr; die Ich- Erzählerin ist im Zweifel, möchten nicht
mehr glauben

i) Wie begündet sie das?
Wer viel zweifelt, glaubt viel!
Sie verwendet die religiösen Wörter 2schneidig; sie verdreht den Sinn des
religiösen. Die Erziehung im Kloster hat als Resultat, dass sie alles
doppelsinnig sieht.

j) Welche Anschuldigung formuliert sie am Schluss?
sie sind ganz Entpersonifiziert: Persönlichkeitsverlust und Freiheitsverlust

k) Was für Ebenen hat die Erziehung der Klosterschule?
2 Ebenen: eine positive nach den Schwestern und eine negative in den Augen
der Schülerinnen.

„Die Klosterschule"

„Die Klosterschule" besteht aus 14 Prosastücken, die jeweils verschiedene Aspekte der Klostererziehung behandeln. Die einzelnen Kapitel sind gleichberechtigt aneinander gereiht. Eine andere Anordnung wäre möglich, ohne das Verständnis zu beeinträchtigen, denn es handelt sich nicht um eine chronologisch notwendige Reihenfolge. „Die Klosterschule", die sie selbst nicht als Roman, sondern als Prosa bezeichnet, hat keine durchgehende Handlung. Sie selbst meint, dass sich mit einer durchgehenden Handlung eine eigene Dynamik entwickeln würde, die der Darstellung der Sprachform im Wege stünde. Die Ich-Erzählerin schildert in ihren 14 Prosaskizzen das Bild des klösterlichen Schul- und Internatsalltags. Da in diesem Alltag alles relativ unpersönlich erscheint, wählt Frischmuth dabei eine Sprache, die nicht aus dem Mund der Mädchen stammt, sondern aus anderen Bereichen wie z.B. der Bibel, dem Katechismus, der Liturgie, dem Mund der Lehrerinnen und Klosterschwestern und sie stellt geschickt mit diesen „Zitaten" und der Sprache der Ich- Erzählerin eine Montage zusammen.

Diese Methode ist auf ihr Sprachstudium zurückzuführen, da sie vorher ein sprachtheoretisches Werk verfasst hat. Die autoritären, repressiven Erziehungsmethoden verhindern, dass die Zöglinge eigene Erfahrungen reflektieren. Anstatt dessen wiederholen sie die ihnen eingedrillten Phrasen. Individualität ist nicht möglich. Es geht der Autorin nicht darum, die Klosterschule als Institution bloßzustellen, sondern sie kritisiert Zwänge überhaupt. Für sie ist die Frage wichtig, inwieweit die sprachlichen Indoktrinationsmechanismen dazu beitragen, Individualität auszutreiben (inwiefern die Sprache das Weltbild suggeriert).

Barbara Frischmuth

Barbara Frischmuth wird am 5.7.1941 in Altaussee / Steiermark geboren. Ihre Mutter leitet ein Hotel und hat wenig Zeit für Barbara. Ihr Vater ist in Russland gefallen, daher hat sie ihn nie gesehen. Frischmuth kommt mit zehn Jahren in das Mädchenpensionat der Kreuzschwestern in Gmunden, welches sie jedoch schon mit 14 Jahren verlässt, um an einer öffentlichen Schule zu maturieren. Die Erziehung in der Klosterschule hinterlässt aber eine starke Prägung, die ihr noch lange zu schaffen macht. Danach studiert sie in Graz ab 1958 Türkisch und Ungarisch. 1962 wird die Schriftstellerin als erstes weibliches Mitglied im Grazer „Forum Stadtpark" aufgenommen. 1964-1967 beginnt sie in Wien ein Orientalistikstudium , welches sie aber abbricht. Seither lebt sie als freie Schriftstellerin in Wien und Altaussee.
Frischmuth veröffentlicht Texte in Zeitschriften und bringt 1968 ihr erstes Buch „Die Klosterschule" heraus. Nach mehreren Kurzprosatexten und Kinderbüchern folgt ihr erster Roman 1973 „Das Verschwinden des Schattens in der Sonne". Später schreibt sie noch weitere Romane.